BALTASAR GRACIÁN

EL POLÍTICO

BARCELONA 2014
WWW.LINKGUA-DIGITAL.COM

CRÉDITOS

Título original: El político.

e-mail: info@red-ediciones.com

Diseño cubierta: Mario Eskenazi

ISBN rústica: 978-84-9816-725-2.
ISBN ebook: 978-84-9897-507-9.

El diseño de este libro se inspira en *Die neue Typographie*, de Jan Tschichold, que ha marcado un hito en la edición moderna.

SUMARIO

PRESENTACIÓN

La vida

Baltasar Gracián (Belmonte de Gracián, 1601-Zaragoza, 1658) fue un ensayista del Siglo de Oro español, muy apreciado por algunos moralistas franceses posteriores, como La Rochefoucauld, o, ya en el siglo XIX, por filósofos alemanes como Schopenhauer o Nietzsche, quien afirmaba de él que «Europa no ha producido nada más fino ni más complicado en materia de sutileza moral». Formado en humanidades, especialmente en Filosofía, y en Teología, Gracián fue ordenado sacerdote en 1627 y comenzó a impartir Humanidades en Calatayud, actividad que seguiría desempeñando durante años en distintas instituciones religiosas, siempre con el mismo resultado: los enfrentamientos con algunos miembros de la Iglesia. Más adelante ejercería de confesor del virrey de Aragón, y finalmente terminaría retomando la actividad docente, que le permitió ocuparse de la redacción de la mayor parte de sus obras, entre las que cabe destacar: *El político*, *Oráculo manual y arte de prudencia* (traducido al alemán por Schopenhauer, quien en su *El Mundo como Voluntad y Representación* escribió que *El Criticón* era «quizá la más grande y la más bella alegoría que se haya escrito jamás»), *El Criticón* o su célebre *Agudeza y arte de ingenio*.

El denominado «espejo de príncipes» o «instrucción de príncipes y caballeros» es un género muy antiguo, que se cultivó en Oriente y Occidente, cuyo fin era ilustrar a quienes iban a ser gobernantes para que administrasen bien la autoridad y el poder en los territorios bajo su soberanía. Aunque tal vez la obra más conocida en este género sea *El Príncipe* de Maquiavelo, escrita en 1513, también *El político don Fernando el Católico* de Gracián, escrita en 1640, es uno de los ejemplos más notables del mismo en lengua española. La obra presenta la forma de un encomio de Fernando el Católico, a quien se considera el mejor y mayor rey de la monarquía española. En ella se describen las ejemplares dotes políticas y virtudes de Fernando para que otros hombres políticos —incluido Felipe IV— puedan emularlas.

[PRELIMINARES]

Censura

Del Doctor Pedro de Abella, catedrático de artes en la universidad de Zaragoza

Por comisión del señor doctor Juan Perat, canónigo de la santa iglesia metropolitana de la Seo de Zaragoza, y en lo espiritual y temporal vicario general por el ilustrísimo y reverendísimo señor don Pedro Apaolaza, arzobispo de Zaragoza, del Consejo de Su Majestad, etc., he leído al Católico Fernando, que renaciendo en nuevas memorias podrá servir de ejemplo a los príncipes y de idea a los mayores monarcas. Ofrécelo su Autor ilustrado con erudición curiosa, enseñanza advertida y política prudente, sin haber en él algo que pueda deslucir el renombre de católico, ni ofender a las buenas costumbres. Así lo siento, en Zaragoza, en Palacio, a 9 de noviembre 1640.

El Doctor Pedro de Abella

Licencia

Doy licencia para que se imprima. En Zaragoza, a 12 de noviembre, 1640.

El Doctor Juan Perat, Oficial y Vicario General

Censura

Del doctor Juan Francisco Andrés de Uztarroz de orden del Excelentísimo Señor Duque de Nochera, Príncipe de Scila, lugarteniente y capitán general en los reinos de Aragón y Navarra

Eterniza las memorias, señor excelentísimo, del glorioso rey don Fernando II de Aragón y V de Castilla este breve diseño de sus heroicas acciones, coloriendo artificiosamente Lorenzo Gracián con el ingenioso pincel de su pluma, no solo su idea, pero dibuja, en diferentes lejos y distancias, las virtudes y deliquios de otros príncipes. Gloriarse puede la villa de Sos por haber nacido en ella, en la antigua casa de los Sadas, príncipe tan singular, cuya dicha pudieran envidiar muchas ciudades. No puedo dejar de darle muchas gracias al Autor de este erudito trabajo por haber sabido escoger Mecenas de tan excelentes y aventajadas partes, cuya prudencia se acredita con acciones propias. Publíquelo la peregrinación que Vuestra Excelencia hizo por Francia, Flandes, Alemania, Inglaterra, Polonia y otras provincias, dejando sus esclarecidos lares por volver a ellos rico de experiencias y glorioso de trofeos, habiendo vertido en Argentina, en defensa de la religión católica, mucha sangre de sus generales venas. Diga la militar disciplina cuántas veces vio a Vuestra Excelencia acaudillar numerosos ejércitos, y con el valeroso denuedo que reconoció, de orden del señor Infante Cardenal, las fortificaciones y cuarteles de Veymar para descubrir sus designios. Y, habiéndolo ejecutado dichosamente como práctico soldado, predijo los intentos del enemigo, que, a no haberlos previsto su marcial viveza, pudieran haber causado algún desorden. Hable Viena, Corte de los emperadores de Alemania, las veces que vio Vuestra Excelencia embajador elocuente en sus estrados y doseles. Pero yo solamente diré que debe Vuestra Excelencia ennoblecer con su protección El Político de Lorenzo Gracián por dos causas: la primera, porque la nobilísima Casa de Vuestra Excelencia sabe defender los Serenísimos Reyes de Aragón. No lo callarán las historias, ni son hazañas que las puede oscurecer el olvido, pues no hay quien ignore la prudencia y el valor de los dos famosos caballeros, don Antonio Carrafa y don Diomedes, su hijo, por cuyo medio recobró el magnánimo rey don Alonso el opulento reino de Nápoles, y Vuestra Excelencia, como sucesor de tan esclarecidos príncipes, defenderá esta obra. La segunda causa por la cual hallará tutelar asilo el Autor de este desvelo político, es por ser Vuestra Excelencia. protector de los varones doctos, heredando esta inclinación con la sangre, pues sabe Italia que el Palacio del Excelentísimo Señor don Fernando Carrafa, padre de Vuestra Excelencia, fue museo de eruditos y célebres ingenios. Merece El Político que Vuestra Excelencia le haga la honra que al Héroe y la que previene al Ministro Real, dándole la licencia que suplica, por no hallarse en este libro cosa que ofenda las buenas costumbres ni las regalías de Su Majestad. Así lo siento, en Zaragoza, a 21 de noviembre, año 1640.

EL Doctor Juan Francisco Andrés de Uztarroz

Suma del privilegio

Tiene privilegio por diez años Lorenzo Gracián para imprimir un libro del Político don Fernando el Católico, sin que otra persona lo pueda imprimir sin su licencia, so las penas en el dicho privilegio contenidas. Despachado por José Yubero, en Zaragoza, a 27 de noviembre de 1640.

Al Excelentísimo Señor Duque de Nochera

I

Pongo un rey a todos los pasados; propongo un rey a todos los venideros: don Fernando el Católico, aquel gran maestro del arte de reinar, el oráculo mayor de la razón de Estado.

Sera éste (ioh, excelentísimo Duque, Mecenas y maestro mío juntamente), no tanto cuerpo de su historia cuanto alma de su política; no narración de sus hazañas, discurso sí de sus aciertos; crisis de muchos reyes, que no panegiris de uno solo, debida a la magistral conversación de Vuestra Excelencia, lograda de mi observación.

Comentaré algunos de sus reales aforismos, los más fáciles, los accesibles, que los primorosos, los recónditos, esos cederlos he a quien presumiere alcanzarlos. Apreciaré reglas ciertas, no paradojas políticas, peligrosos ensanches de la razón, estimando más la seguridad que la novedad.

Protesto que no alienta mi pluma el favonio de la lisonja, pues nunca esta buscó tan remotos los asuntos. Excusa, sí, mi osadía, y aun la solicita, mi suerte de hallarme, digo, con muchas noticias eternizadas por su propia real católica mano; deformes caracteres, pero informados de mucho espíritu. Oráculo dos veces por lo arcano de la inscripción, y más por lo profundo del pensamiento.

Quedó envidiando a Tácito y a Comines las plumas, mas no el cetro; el espíritu, mas no el objeto.

Fundó Fernando la mayor monarquía hasta hoy en religión, gobierno, valor, estados y riquezas; luego fue el mayor rey hasta hoy.

Concurrieron siempre grandes prendas en los fundadores de los imperios; que si todo rey, para ser el primero de los hombres ha de ser el mejor de los hombres, para ser el primero de los reyes ha de ser el máximo de los reyes.

Fueron comúnmente tan prodigiosos los hechos de todos los fundadores, que las narraciones de ellos se juzgaron antes por invenciones de la Épica que por rigores de la Historia. Los suyos los imaginaron más que hombres, hasta inaugurarlos en dioses: los extraños, echando por otro extremo, los tuvieron por héroes fabulosos.

Destinose la elegante pluma de Jenofonte al glorioso cetro de Ciro, cabeza del imperio de los persas, y remontose tanto, que se perdió de crédito, pues creyó la posteridad que había escrito, no lo que había sido Ciro, sino lo que debe ser un perfecto monarca.

Es el fundador de un imperio hijo de su propio valor; sus sucesores participaron de la grandeza. Hízose rey, que pudo, sobre la corona de los méritos, fabricársela de diamantes. Ellos, o nacen reyes, o son hechos reyes.

Fue Rómulo un prodigio de la capacidad y del valor, para fundar la monarquía romana, tan dilatada en espacios como en siglos. Déjoles a los suyos en su significativo nombre depositada, como en semilla, la virtud y vinculado el valor, para ocupar lo mejor del mundo, y fue tanto más cuanto comenzó de menos.

Las principales de estas heroicas prendas son antes favores del celestial destino que méritos del propio desvelo.

Hijos fueron de esta divina elección suprema, y hermanos en la grandeza, Constantino y Carlos, para fundar los dos cristianos imperios, el uno en el Oriente y el otro en el Occidente.

Celebren todos los siglos, depositadas todas las prendas en el verdadero Gerión de España, los tres fundadores de sus tres católicos reinos, don García Jiménez de Sobrarbe, don Pelayo de las Asturias, don Alonso Enríquez de Portugal, que con gloriosa emulación pasaron a ser imperios extendiéndose cada uno por diferente parte del universo.

Con el valor se consiguen las coronas, y con la prudencia se establecen. Sobrole a Alejandro la braveza para conquistar y faltole la sagacidad para establecer, si ya no fue envidia de que ninguno de sus sucesores le igualase, o soberbia de no imaginar a otro alguno capaz de tanto empleo.

Llenó el Oriente el Tamorlán más de terror que de señorío, bárbaro cometa que con la facilidad con que se forjó se deshizo, y comenzaba así en nuestros días Gustavo Adolfo el de Suecia.

No tengo yo por fundador de una monarquía al que la dio cualquier principio imperfecto, sino al que la formó.

Mucho se le debe en el poderoso imperio de los turcos al valeroso Otomán, que lo comenzó, pero mucho más al conquistador Mahometo, que lo estableció en Constantinopla, dejándolo tan acreditado como acrecentado.

Plantó la monarquía de Francia el valiente Faramundo. Regola Clodoveo con el licor celestial, coronándola más con sus cristianísimas virtudes que con sus fragantes lises.

Hay también grande distancia de fundar un reino especial y homogéneo dentro de una provincia al componer un imperio universal de diversas provincias y naciones. Allí, la uniformidad de leyes, semejanza de costumbres, una lengua y un clima, al paso que lo unen en sí, lo separan de los extraños. Los mismos mares, los montes y los ríos le son a Francia término connatural y muralla para su conservación. Pero en la monarquía de España, donde las provincias son muchas, las naciones diferentes, las lenguas varias, las inclinaciones opuestas, los climas encontrados, así como es menester gran capacidad para conservar, así mucha para unir.

Ni se limita el fundar los imperios a un modo singular; halló muchos y especiales el ingenio. De esta suerte transformó César la aristocracia en monarquía y fueron tantas sus prendas como sus coronas. Los romanos conquistaron lo más y lo mejor del mundo, y él sujetó a los romanos. Avasalló otros tantos reyes cuantos fueron los senadores y capitanes que venció.

Dio lugar el gran Constantino a la monarquía pontificia y trasladó la suya imperial allá al Oriente, haciendo de sus victoriosas armas muralla fuerte a la Iglesia. Facilitó la conquista de todo el mundo al yugo de la fe santa, si hubieran sabido sus sucesores ejecutar la traza y lograr la ocasión.

Fue dos veces grande, por lo valeroso y por lo sagaz, Ismael Sofi, pues fundó su imperio de Persia, no de las ruinas del otomano, sino de lo más florido de él. Detuvo el curso a su felicidad en su mayor aumento, y por Divina Providencia (derechamente favorable a la cristiandad) enfrenó el orgullo turquesco a lo mejor.

Tiene la astucia su propio modo de fundar, que fue valerse siempre de la ocasión; y, después de haber la inconsiderada porfía de los príncipes cristianos consumido alternativamente sus fuerzas, agotado sus tesoros, desflorado sus ejércitos, salieron de refresco los turcos y alzáronse con todo, sin resistencia: están más llenas las historias de casos que de escarmientos.

Viose renovada la gloria antigua africana en su Jerife, bárbaro sabio que supo jugar a dos manos, ya de la política y ya del valor.

Émulo Quingui de Alejandro, y envidiándole el renombre, volvió a conquistar todo el Oriente, desde las murallas de la China hasta las selvas de Moscovia, dejando a sus sucesores, más en empeño que en herencia, el renombre de Gran Kan de la Tartaria.

Todos fueron cabezas de monarquías, correspondiendo en cada uno la grandeza de su ánimo a la de su imperio. Pocos de sus sucesores les igualaron, y aunque adelantaron los términos del mando, pero no los del valor.

El claro Sol que entre todos ellos brilla es el Católico Fernando, en quien depositaron, la naturaleza prendas, la fortuna favores y la fama aplausos. Copió el Cielo en él todas las mejores prendas de todos los fundadores monarcas, para componer un imperio de todo lo mejor de las monarquías. Juntó muchas coronas en una y, no bastándole a su grandeza un mundo, su dicha y su capacidad le descubrieron otro. Aspiró a adornar su frente de las piedras orientales, así como de las perlas occidentales, que, si no lo consiguió en sus días, enseñó el camino a sus sucesores por el parentesco, que, donde no ha lugar la fuerza, lo ha la maña.

Fue Fernando de la heroica prosapia de los reyes de Aragón, que fue siempre fecunda madre de héroes.

Ayuda mucho, o estorba, para conseguir la celebridad esto de las familias. Secreta filosofía, manifiesto efecto de la Soberana Providencia, más favorable a unas que no a otras. Parece que se heredan, así como las propiedades naturales, así las morales, los privilegios o achaques de la naturaleza y fortuna.

Casas hay que llevan consigo hereditaria la felicidad, y otras la desdicha. La de Austria ha sido siempre felicísima, prevaleciendo eternamente contra todas las máquinas de sus émulos.

La de Valois, al contrario, en Francia, ha sido desgraciada, no perdonando esta infelicidad aun a las privilegiadas hembras.

Otras prosapias hay belicosísimas por naturaleza y por afición, como lo es la de Borbón, seminario de valerosos caudillos, cuya mezcla con la de Austria prometen en nuestro Serenísimo Príncipe de España, con la felicidad, el valor para ser monarca del Universo. Sea oráculo su real nombre BALTASAR REY, compuesto de las cuatro vocales, que dan principio a todas las cuatro partes del mundo, en presagio de que su monarquía y su fama han de ocuparlas todas.

La familia de los Césares en Roma fue estéril de sucesores, tanto en calidad como en número, ordinario castigo de la tiranía.

Casas hay cuyos príncipes tardan en hacerse, pero, en despertando una vez, recompensan la tardanza de los principios con un prodigioso exceso en los progresos.

La casa de los reyes de Aragón fue de príncipes eminentes en el gobierno. Todos a una mano selectos, políticos, sagaces, belicosos y prudentes, felicidad rara y envidiable de todos los demás reinos.

Nació y criose, no en el ocio ni entre las delicias del rey don Juan, su padre, sino en medio de sus mayores aprietos. Las luminarias de su nacimiento fueron rayos de las bombardas, y los regocijos de la Corte fueron triunfos de las multiplicadas victorias.

Príncipe niño, se vio cercado en el castillo de Girona con la reina doña Juana, su madre, aquella castellana amazona que capitaneó tantos ejércitos en Navarra, Aragón y Cataluña. Contra un niño y una madre hubo día en que se fulminaron al castillo cinco mil balas, pero, como la fénix, salió triunfante de este incendio, que todos los reinos parece que se conjuraron contra Fernando niño para sujetárse le después muy hombre.

De una heroica educación sale un heroico rey. Dura en la vasija largo tiempo el buen o mal olor del primer licor que tuvo. Ensaya el águila su generoso polluelo para ser rey de las aves a los puros rayos del Sol. Críese un príncipe mirando siempre al lucimiento, a los brillantes rayos de la virtud y del honor.

Ayudole mucho a Enrique IV, el de Francia, para ser rey, y gran rey, el haber sido trasladado de la cuna al pabellón.

Más gloriosas fueron las abarcas del aragonés don Sancho que el zapato de ámbar de otros príncipes, pues éstos paran en asquerosos muladares y aquéllas en majestuosos timbres.

Desamparó al niño Jaime, famoso conquistador de Aragón, su mismo padre el rey don Pedro; aborreciole aun antes de engendrarle y arrojole después; al que no quisiera haberle dado el primer ser de naturaleza, no quiso darle el más principal de la educación, y aquí estuvo su mayor dicha, pues sustituyendo el valeroso caudillo, el Conde Simón Monforte le fue padre y ayo juntamente, que se han de criar los propios hijos como extraños, y los extraños como propios:

la primera gala que se puso fue el arnés, y aquellos tiernos infantiles miembros que aún no sabían andar iban ya crujiendo la malla y la loriga.

De esta suerte se criaron todos los célebres monarcas: ésta es la educación de los héroes.

Creció Alejandro al ruido, no de las fiestas y entretenimientos, sino de las hazañas del rey Filipo, su padre, alimentándose de envidia, saciándose de emulación. Hijo fue del mayor rey de la Grecia y alumno del mayor filósofo del mundo, para ser el primer monarca magno.

Presidió Fernando, siendo de menor edad, a las Cortes de Aragón en Zaragoza, supliendo la capacidad muy de hombre la edad muy de niño. Escarmentaron padre e hijo en el príncipe don Carlos de Viana, aquél para confiar más de su segundo hijo, y éste para saber unirse y aunarse con su padre.

Socorrían los emperadores romanos su cansada vejez con ir introduciendo en césares sus hijos, y, cuando no los hallaban en la naturaleza, los buscaban en la adopción. De esta suerte el sabio Nerva adoptó al valeroso Trajano. Hacían un cuerpo entrambos; aquél era cabeza y éste brazos, repartiéndose las facultades: el viejo la prudencia y el mozo el valor. Y lo que recababa la confianza en los extraños, ¿por qué no lo ha de pretender la naturaleza en los propios?

El amor o el recelo paterno es un fatal escollo donde dieron al traste muchos sucesores. Sepultaron en Francia a Carlos el Inepto, aun antes de nacer, entre pegajosas delicias, con que siempre fue rey muerto. La afición o la desconfianza les ha inventado ya a los príncipes otomanos la dulce cárcel de los entretenimientos, de donde nunca más acertaron a salir. Porque no aspirase temprano al mando Dionisio el Segundo de Sicilia lo criaron como a otros muchos, de suerte que, después, ni aun tarde, fueron capaces dél.

Todas las artes se aprenden, y en todos los mecánicos empleos, aun en los más fáciles, hay tiempo de aprendices. Solo al real, siendo el más arduo, se le hurta esta común providencia. «No hay cosa más dificultosa, decía Diocleciano, que imperar bien.»

Entran algunos a ser reyes sin arte ni experiencia. Hallose de repente Nino el Segundo, el hijo de Semíramis, empeñado en el dificultoso gobernalle de un cetro. Viose Childerico, el francés, en medio de un océano político y no en leche, sino en sangre, y tal vez en pura hiel.

El riesgo grande, la experiencia ninguna. Concibió con esto don Sancho el Segundo de Portugal horror al oficio y, lo que es peor, desconfianza de sí, y, remitiendo todos éstos el trabajo, vinieron a quedarse con solo lo gustoso y el título de reyes, hasta perderlo también.

Entregó Fernando la juventud a la milicia y la senectud a la política. Atendió en sus primeros años a conquistar, en los postreros a gobernar.

Piden las edades sus empleos: compete el valor a la mocedad y la prudencia a la vejez.

Ejercítanse las armas en la lozanía y ferviente edad con facilidad, y con felicidad también: dictamen del insigne Marqués de Mariñano, ponderado en otra ocasión.

Envidiaba Trajano a Alejandro el haber comenzado a reinar mozo, no por ambición del mando, sino por emulación de la suerte. Acabáronseles a muchos con los floridos años los felices sucesos, y perdió Pompeyo en la vejez cuanto adquirió en su gallarda mocedad.

Requieren las armas un grano de temeridad que no se encuaderna con la madurez; lo muy considerado de la mayor edad detiene el brío, enfrena la osadía, y nunca los muy prudentes fueron grandes batalladores.

Depuso presto el arnés el prudente de los Filipos de España. Pero Alejandro, con su temeridad, conquistó más que todos los reyes juntos con su mucho tiento. El determinado César triunfó con su mucha audacia de la mucha prudencia del Senado.

Ni es la menor de las conveniencias ocupar las armas la deleznable mocedad y escaparla, sino de los vicios de la negligencia.

Apetece la vejez todo lo contrario, ama la paz, porque el sosiego da leyes, reforma las costumbres, compone la república, establece el imperio.

Comenzó por rey de Sicilia, ilustre agüero de su gran cosecha de coronas. Entró luego en Castilla, empresa más ardua que las de Alcides, aunque entre la hidra con sus siete cabezas. Viose luego el exceso de su capacidad, la grandeza de su valor y conociose que había de ser un prodigio político.

La llave de un feliz y acertado reinado consiste en el arrancar y, permítaseme decirlo así, en acertar a encarrilar. Por donde comenzó a correr el caudaloso río, por allí prosigue, que después es género de imposible el mudarle la corriente.

Tienen los reyes grandes contrarios a los principios de su gobierno. Toda prudencia, toda atención, toda sagacidad, aún no es bastante en este dificultoso punto. En las entradas de los caminos es el riesgo de errarlos, que, acertados una vez, con facilidad se prosiguen.

Comenzó el que hoy es rey de la gran China con opinión y aun alarde de prendas superiores, a la expectativa de sus atentos vasallos, pero luego lo enviciaron, unos por un fin y otros por otro, y echaron a perder el mejor rey que hubiera eternizado la fama.

Conciben grandes esperanzas los vasallos del Sol que amanece, y prométense siempre que ha de ser mejor el que comienza que el que acaba, por bueno que haya sido. Fue recibido Fernando a deseo de gran rey, y no solo satisfizo, sino que colmó estas bien fundadas esperanzas; previó que los que procuraban que fuese rey de Castilla no lo hacían porque mandase él; mas, cebándoles en ésta su engañada ambición, valiose de sus intentos para revolver después contra ellos y, vencidos unos y otros, fue rey, rey.

Estimó los dictámenes del rey don Juan, su padre, prevaleciendo la prudencia especial a la común inclinación.

Notable propensión es en los príncipes seguir todo lo contrario del pasado o por novedad o por emulación, y reina esta pasión, no solo en los extraños sucesores, sino en los propios hijos, que pudo la naturaleza unir las sangres, pero no los juicios; herédase tal vez el gesto, pero nunca el gusto.

Si esta connatural oposición se declarara contra los desaciertos, fuera loable, pero que se atreva a la mayor hazaña, mayor monstruosidad.

Que abomine Vespasiano y borre las huellas de Vitelio y los demás monstruos sus predecesores, es restaurar el imperio, es desagraviar la virtud.

Pero que Adriano condene los esclarecidos hechos de Trajano, el mejor emperador que adoró Roma, y llegue a tal extremo de disentir, que estreche los términos del Imperio por estrecharle la fama, derribe la celebrada puente del Danubio por derribar su memoria, no es emulación, sino atrocidad.

Aprobarlo todo suele ser ignorancia; reprobarlo todo, malicia; que, porque el pasado fue guerrero el sucesor haya de ser necesariamente pacífico, y esto, no por conveniencia, sino por nativa oposición, no es regla de política.

El mal es que, en lo bueno y en lo heroico, tienen algunos por imperfección la imitación; mas en el vicio se compiten a porfía. Vanse encadenando los príncipes ingloriosos, pero los heroicos son raros y singulares. A un delicioso Tiberio sucede un detestable Calígula; a éste, Claudio incapaz; a Claudio, el perverso Nerón; de suerte que van en tropa encadenándose los malos; pero a un Augusto, a un Trajano, a un Teodosio, luego los pierden de vista, no hay quien prosiga en imitarlos.

Sorteó Fernando monarquía augusto, recíproca felicidad de parte del príncipe casar con monarquía igual a su capacidad y valor; de parte de la monarquía, alcanzar esposo igual a su grandeza y poder.

A una pequeña planta, cualquier pequeño vaso le es campo espacioso; un árbol gigante, una empinada palma, un descollado cedro, hállase violentado en la vasija estrecha: no puede espaciarse, no puede campear.

Si un Carlos Manuel de Saboya hubiera sorteado un imperio tan grande como su generoso espíritu, hubiera dejado atrás al mismo César; violentose a la pequeñez de un corto estado y, de un Sol que podía ser, se malogró a una pequeña estrella.

Insufrible tormento es de un ánimo heroico ver que no alcanzan las fuerzas de su reino a las de su valor, y gran dicha no tener que envidiar la ajena monarquía.

Codició tal vez Enrico IV de Francia el valor de los españoles.

Por lo contrario, es grande infelicidad de una monarquía no tener esposo igual a su calidad y poder. Desestímale por incapaz a Vladislao II Polonia; aborrécelo por vicioso a Favila España. Y a un rey desacreditado, ni sus vasallos le acuden, ni los contrarios le temen. Las grandes y dificultosas monarquías piden príncipes grandes en la capacidad y en el valor, y el de prendas grandes campea más en la monarquía grande. Nada le debió a César el valeroso Carlos de Borgoña, y nada debió a Octaviano el Grande Cosme de Florencia, que, si fueron más celebrados aquéllos, no fue por ser mayores hombres, sino por ser mayores príncipes.

Cuando el monarca no es igual a la monarquía por defecto de la edad, aunque fue siempre peligroso y principio de su ruina, como en Arcadio, con todo esto lleva lo mejor, que se mantiene con la esperanza, pero cuando por naturaleza Alejo IV el Griego no lo es, da en desesperación.

Grande suerte es la recíproca igualdad, y como un linaje de casamiento que depende de lo alto. Y, cuando no la hubiere, vale más que peque por exceder el rey a la monarquía que no al contrario; pero el príncipe guárdese entonces de mostrar desestimación, que a César le costó la vida.

Pareciéronle a Fernando estrechos sus hereditarios reinos de Aragón para sus dilatados deseos; y así anheló siempre a la grandeza y anchura de Castilla, y de allí a la monarquía de toda España, y aun a la universal de entrambos mundos.

Reinó en creciente de imperio, que ayuda mucho a la plausibilidad de un monarca; depende mucho la grandeza o la pequeñez de un rey del estado de la monarquía, que va mucho del reinar en su creciente al reinar en su menguante.

La juventud lozana y vigorosa engendra hijos robustos y esforzados, pero la vejez, destituida de sus antiguas fuerzas, falta del calor nativo y cercada de achaques, produce hijos débiles y flacos.

Fueron comúnmente en todas las monarquías insignes reyes los primeros porque todo les ayudaba a la virtud; un valeroso Rómulo, un Numa feliz, un belicoso Hostilio, un integérrimo Anco, un sagaz Prisco y un político Sergio fueron las primicias de la monarquía romana. Duró más la excelencia en sus reyes que en sus emperadores, porque aquéllos eran hijos de su gallarda juventud, éstos de su cansada vejez; aquéllos vencían, éstos triunfaban.

Florecen en los principios el cuidado y el valor, entra después la confianza, síguela la flojedad y rematan con todo las delicias.

Iban sucediendo los esclarecidos reyes francos en su florida monarquía, con empeños de toda virtud, después del ínclito Clodoveo. La fama fresca de Childeberto solicitaba a los Clotarios, y la de estos a Dagoberto; mas poco a poco fue descaeciendo el valor, hasta amenazar ruina en el delicioso Childerico. De estas cenizas muertas renació en Carlos Martel. Volvió en sí el valor gálico en Pipino y llegó a su mayor pujanza en Carlo Magno, pero, ¡oh, inestabilidad de las cosas humanas!, viose segunda vez a pique en Carlos, llamado el Simple, y más en Carlos el Inepto. Aquí se declaró la especial Divina Providencia por este cristianísimo reino, pues proveyó de Hugon Capeto, que restauró para muchos siglos la monarquía, continuándose su felicidad en tantos famosos reyes, unos santos, otros valerosos y otros sabios. Émulo de tantas glorias, Luis XIII, restaurador invicto de las Galias, ha desterrado de toda la Francia la herejía, y se confiesa que ha de ahuyentar de todo el mundo la infidelidad, que quien comenzó persiguiendo los herejes debe acabar contrastando los mahometanos.

Dura por algún tiempo aquel primer calor nativo con que se formó el político cuerpo de un imperio; permanece aquella sustancia radical del poder, de la prudencia y del valor. ¿Quién pudo detener el ímpetu con que arrancó la felicidad otomana, creciendo siempre desde Otomán, su primer príncipe hasta el afortunado Solimán? Descaeció ya en el segundo Selim, contrastada de un Pontífice santo, resistida de un monarca católico. Creció con las discordias de los príncipes cristianos y con las mismas se conserva; pudo una breve Santa Liga enfrenarla victoriosa, cuánto más acabarla descaecida.

Es la Providencia suma autora de los imperios, que no la ciega vulgar fortuna. Ella los forma y los deshace, los levanta y los humilla por sus secretos y altísimos fines; los fieles para centro de su gloria, los infieles para emulación de aquellos y castigo, resplandeciendo siempre en unos y otros la armonía prodigiosa de su saber y poder.

Fue siempre gran ventaja suceder a la corona fragante, como Jerjes a la cídaris y empuñar el cetro floreciente, como Dagoberto el de los lilios.

Suma infelicidad de un príncipe llegar a la monarquía ya postrada, caído el valor, valida la ociosidad, desterrada la virtud, entronizado el vicio, las fuerzas apuradas, la reputación fallida, la dicha alterada, todo envejecido, y, como casa vieja, amenazando por instantes la total ruina, si no es que la ocasión esté aguardando el caudal de un Vespasiano, de un Claudio Segundo que la restauren, el valor de un Pipino y de un Hugon Capeto que la renueven, que las ocasiones que a los grandes hombres los encumbran, a los enanos son tropiezos que los despeñan. Lo ordinario es adolecer el príncipe de los mismos achaques de la monarquía, que antes se le pegará el letargo al sano que la salud al enfermo; en este mísero estado estaba España cuando entró a reinar en ella el desdichado Rodrigo, príncipe de más que medianas prendas, mas entró en el reino como en un golfo de vicios y delicias, acabado ya el antiguo valor godo de sus Alaricos, Ataúlfos, Sisebutos, Recaredos, Sisenandos, Suintilas y Wambas. Todo estaba arruinado, hasta las materiales defensas, minadas las costumbres por la torpeza y desidia de Witiza.

Es grande la fuerza del deleite, grande la violencia del vicio, y, aunque un príncipe, un Magno el Segundo de Suecia, sea de generoso natural, un Nerón de heroica educación, les contrastan las delicias, y poco a poco vienen a enviciarlos y a perderlos.

Solo en Aragón faltó esta dependencia del estado de la monarquía, porque fueron extravagantes sus reyes, todos a una mano esclarecidos desde Ramiro el Primero, y aun desde García Jiménez, hasta el Católico Fernando, ninguno fue incapaz, ni delicioso, y, al contrario de otras monarquías, el último fue el mejor; creció la virtud con impulso natural en sus reyes, que es mayor en el fin que en el principio.

Depende también, y mucho, el salir un príncipe perfecto de la nación entre quien mora. Naciones hay que echan a perder sus reyes y otras que los ganan. Los deliciosos asirios pegábanles con facilidad a sus reyes sus afeminadas inclinaciones, si merecen llamarse así ocho monstruos, predecesores de Sardanápalo. Pero los lacedemonios, templados y prudentes, con el trato y con el ejemplo inclinaban sus heroicos reyes a todo género de virtud. Los persas, dados a toda manera de vicio y gastos excesivos en el comer y en el vestir, enviciaban sus reyes de suerte que no les bastaba toda el Asia para su inútil y vana suntuosidad. Al contrario, los macedones, parcos y ajustados, sacaban príncipes tales, que, lo que les faltaba de fausto y ostentación, les sobraba de grandeza de ánimo.

Ésta es la causa de haber habido en unas naciones reyes tan singulares, y en otras tan comunes. Cada uno de los ricos hombres de Aragón era espejo de su rey, era un ayo ejemplar de su príncipe. Nación, al fin, propia para oficina de heroicos reyes.

Tuvo Fernando grandes virtudes de hombre, y en sumo las de rey. Amontonaron prendas los que emprendieron componer un príncipe perfecto, que es fácil el disputarlas y no lo es el conseguirlas.

Tuvieron algunos grandes virtudes de hombres y grandes vicios de reyes. Religiosísimo fue Graciano, pero más para una celda que para la silla imperial. El aragonés Ramiro y el portugués Enrico eran más para el coro que para el trono.

Al contrario, otros tuvieron grandes virtudes del rey y grandes vicios del hombre; en Alejandro y César compitieron a extremos. El batallador don Jaime tuvo algunos descuidos de hombre y heroicos desvelos de rey; de diez años, empuñó el cetro con valor de treinta, con madurez de ciento.

Las prendas reales son sublimes y de orden superior; llenaron grandes vacíos de otras en el rey don Dionís de Portugal. Será siempre celebrado Enrico IV de Francia, porque fue insigne en la parte de rey.

Las virtudes del oficio tenía el magnánimo de los Alfonsos por las primeras en solicitud, así como en el aprecio. ¿Qué importa que sea el otro Alfonso gran matemático, si aun no es mediano político? Presumió corregir la fábrica del Universo el que estuvo a pique de perder su reino.

Los elementos, aunque tienen las demás calidades en una medianía, pero las propias en sumo, y aunque sea positivo en todo lo demás; el godo

Wamba se disimula, porque es rey superlativo. Con solo esto desmintieron mucha barbaridad los Otomanos; hablo de los primeros, menos y más que hombres, por lo inculto y por lo valeroso.

Limitada perfección cualquiera de éstas, que un príncipe cabal, un Otón emperador, un Clodoveo francés, un Fernando III de Castilla, de entrambas se componen; y no sin providencia ni sin ejemplo, la sabia naturaleza depositó todas las facultades de la vida en la cabeza.

No excluían las prendas de rey, en el grande emperador Rodolfo el Primero, a las del hombre, antes se favorecían. Evidente fundamento, porque entre solos los príncipes cristianos ha habido algunos perfectísimos, y queden condenados los dos impíos políticos por ciegos o mudos.

El mejor de los gentiles fue Trajano, tan insigne, que parece lo envidiaron los católicos al gentilismo, y muchos Padres de la Iglesia, si no con la realidad, lo redimieron de la última infelicidad con el afecto. Pero ¿qué tiene que ver con el católico Teodosio? Igualole éste en lo excelente de las virtudes y excediole en la pluralidad. Solicitaba Trajano las honras, y Teodosio los méritos; aquél los triunfos, éste las victorias. Ganole en la templanza del ánimo y del cuerpo, hijo al fin de aquel gran Arzobispo de Milán, acostumbrado a engendrar para la Iglesia hijos gigantes en el uno y en el otro estado.

Fueron consumados Enrico entre emperadores y Luis entre reyes, en desempeño de que no se embaraza lo santo con lo real.

Opuesta infelicidad ni tener prendas de la persona ni realces del empleo. Fueron príncipes muchos para solo acrecentar el número. Uno de ellos fue Claudio, de quien dijo Séneca que nadie supo que había dejado de ser porque nadie supo que había comenzado a ser. Viviendo Carlos el Simple o Incapaz, en Francia, pasaba ya plaza de muerto. Y pudiendo Amurates y Mahometo, entrambos terceros, ser fácilmente hijos del algo, y aun del mucho, fijaron su felicidad en la nada.

Pero aun es éste tolerable extremo; mayores monstruosidades hay; llenar un príncipe el vacío de las virtudes de abominables vicios es rematar con todo. Execrable portento fue Nerón, anfibio entre hombre y entre fiera; los seis primeros años compitió con el mejor príncipe, y los seis últimos con el peor. Previno el Cielo un oráculo de prudencia para maestro de un monstruo de maldad; mas poco aprovechó la enseñanza donde repugnó la naturaleza. ¡Y cuál hubiera sido, a no haber tenido un Séneca por Quirón!

Sacole de la infamia Heliogábalo, aquél que aun de bruto degeneró, y de quien la misma memoria se afrenta. Tuvieron entrambos abominables vicios de hombres y de reyes; pecaron a entrambas manos.

Son eternos los yerros de los príncipes, nacen comúnmente en lo más oculto de sus palacios, y luego vuelan a las plazas. Erraron en un instante para siempre, y la momentánea inadvertencia suya queda condenada a la perenne noticia de todos los venideros.

Poco es menester que falte para ser un ente imperfecto, y todo es menester que sobre para ser perfecto, y más cuando entre los órdenes de las cosas es de más noble categoría, como lo es un rey.

Las virtudes o los vicios del oficio son muy visibles, y por eso más notables. Llámanse los yerros por antonomasia cargos porque los de la obligación son los que menos se disimulan.

Exageraron en Fernando algunos ligeros achaques los extranjeros, como interesados, y como si en él fueran culpables, porque prevaleció, los que en sus príncipes excusables, porque le cedieron. Si faltó, no fue por faltar, sino por contemporizar efectos de la ocasión, no del vicio; llevábalos el tiempo. Arguye contradicción que los extranjeros le atribuyan todo lo malo y los españoles le nieguen todo lo bueno; aquéllos le acumulan las culpas, éstos le usurpan los aciertos.

Notáronle también los propios algunas faltas, que no demasías. Lo cierto es que, lo que en él un reino parecía extremo, en el otro, un medio muy ajustado. Templó con su moderación la prodigalidad de dos reyes sus predecesores, y, si fue templado para con los otros, mucho más para consigo: será siempre plausible su manga de terciopelo y el jubón de raso de su Católica reina. No quiso retractarse en las mercedes, como el rey don Dionís de Portugal, ni que se las retractasen sus sucesores, como a Juan emperador, y a otros.

Fue universal en talentos, y singular en el de gobernar. Gran caudillo, gran consejero de sí mismo, gran juez, gran ecónomo, hasta gran prelado, pero máximo rey.

No tienen algunos por gran príncipe sino al que fue gran caudillo, gran batallador, estrechando el empleo universal de un monarca al especial de un capitán, confundiendo el del superior con el de un inferior. La eminencia real no está en el pelear, sino en el gobernar. Gran prenda del gran Felipe IV, que, aunque universal en eminencias, de juicio máximo, de ingenio relevante, de valor heroico, se ha extremado en el gobierno, violentándose, y como hurtándose a la natural belicosa inclinación, juzgando ésta por el ápice de las reales prendas y blasón propio de un perfecto rey.

Excelente capitán fue Aureliano, pero no excelente emperador. Insigne batallador fue, Carlos el de Borgoña, pero no fue insigne gobernador. Conociolo en sí mismo el tirano Saturnino, al ponerle la violenta corona. «Hoy, digo, comilitones, habéis perdido un buen capitán y habéis hecho un mal príncipe, que no cualquiera es apto para todo.» Heroica prenda es el militar valor en un rey; álzase con la plausibilidad. Consiguieron la inmortal reputación el cristiano don Jaime y el turco Mahometo, por lo guerrero y afortunado, pero, bien examinado al político rigor, el oficio de un rey no es ser capitán, que a mucho más se extiende. Es universal la obligación, abarca muchas eminencias. De un consumado rey, de un príncipe perfecto, de un Trajano, de un Carlo Magno, de un don Fernando el Católico, se pudieran hacer cien hombres famosos si se hubieran de repartir sus atributos, si se hubieran de dividir sus prendas.

Todos los empleos que tenía repartidos la gran República romana en tantos selectos varones, cónsules, dictadores, tribunos, censores y prefectos, se vinieron a unir en solo un César, que todo lo ha de ser un príncipe, por obligación y con eminencia.

Nunca se ha de entregar todo a un solo empleo, que sería hurtarse a los demás; y de tal suerte se dejaba llevar de la belicosidad el gran Luis de Francia, que no perdía de vista la justicia, la religión, el gobierno, la economía y las demás obligaciones reales.

Guerreando en una provincia Carlo Magno, atendía a la paz, al aumento y a la felicidad de las demás. Peleando en la Germanía, instituía la célebre Universidad de París y el gran Parlamento de Francia.

Fueron muchos guerreros de corazón, pero destruyeron más sus reinos que los contrarios; hiciéronse primero la guerra a sí mismos, empobreciendo sus estados de oro y gente, que es la mayor y principal riqueza.

En esto fue sagacísimo Fernando, pues llenó a España de triunfos y de riquezas. Peleando en un reino, triunfaba en los demás. Enriqueció a España temporal y espiritualmente. Adelantó la milicia y la justicia, aquélla con ejércitos, ésta con tribunales.

Gobernó siempre a la ocasión, el aforismo máximo de su política. Corresponder el genio del príncipe al estado de la monarquía es suerte; violentarse, o templarse con él, prudencia. Tiene lo primero la ventaja de connatural, y con la facilidad asegura la duración; merece lo segundo la gloria de la industria.

Pero el ajustar el príncipe su inclinación a la disposición de la monarquía es preciso, o por naturaleza o por arte.

En un tiempo se desea un príncipe guerrero, y en otro un pacífico; la infelicidad está en trocarse las veces, en encontrarse las contingencias.

Cúpole a Francia un sosegado Childerico cuando se deseó un Marte por rey, y, al contrario, un belicoso Francisco cuando su reino y toda la cristiandad florecieran con su quietud.

Hubieran sido muchos reyes hijos de la fama a haberlo sido de la sazón, que da el punto a las acciones, y más a las reales.

Vino a la monarquía, a cosa hecha, el portugués Sebastián; no halló ya empleo connatural su generoso espíritu; búscolo violento, que, a venir algunos siglos antes, él fuera otro César y Lisboa otra Roma. ¡Oh, príncipe digno de mejor tiempo!

Éste es el fundamento de la grandeza a que llegó la monarquía otomana, que, en su pujante creciente, sorteó príncipes ajustados al estado, nacidos a la ocasión, con emulación y valor continuado. A un conquistador Mahometo sucedió un Bayaceto afortunado; a éste, el valeroso Selim; y a Selim, un astuto Solimán, sin dar lugar, entre tanta variación de cetros, ni a mudarse la fortuna, declarada en su favor, ni a entibiarse el valor militar acreditado.

Que cuando las armas van con calor, la reputación de aplauso, la braveza militar en su fervor, la fortuna favorable, suceder un príncipe remiso o incapaz es resfriarlo todo.

Sacudieron con tanta presteza los aragoneses el vergonzoso yugo africano, por el continuado valor de sus famosos reyes, y pudieron ir a ayudar a sus vecinos y aun a acabar de echar de toda España la morisma. Íbanse heredando estos príncipes, no tanto en los estados, que eran estrechos, cuanto en el valor y la capacidad, que eran para un mundo entero.

Muere el rey don Sancho la muerte de los héroes, en el más apretado trance, teniendo por una parte cercada una incontrastable ciudad, llave de sus reinos, puerta de sus cristianas conquistas, y aguardando por otra en su socorro un ejército de reyes. Mas sucédele el invicto don Pedro, su hijo, príncipe de ocasión, que no solo suplió, sino que mejoró la pérdida de su padre. Empuñó la espada en vez de cetro, sedienta de sangre infiel, y vengó bien el fatal dardo paterno, pues, por un rey muerto, segó tantas coronadas cabezas, que solas las advenedizas y auxiliares fueron cuatro.

Tienen los imperios sus crecientes, y sus llenos crecen con el valor en sumo, consérvanse con una medianía, la que basta para no declinar, aunque más monarquías perecieron por falta de valor que por exceso.

Reinos hay, provincias hay, que piden en propiedad príncipes guerreros, como la belicosa Francia. Otros, al contrario, pacíficos, como Inglaterra; aunque por accidentes pueden variarse las conveniencias.

Necesitan unos de que el príncipe se decante a la justicia, y otros que a la clemencia; y en la misma república, tras un extremo, fue bien recibido el otro. Tras un don Juan el Segundo y un don Enrique pródigos en Castilla, sucedió oportuno un guardador Fernando, redimiendo dos veces la corona, primero de sus propios vasallos y después de los enemigos. Hizo célebre en Portugal la benignidad al rey don Manuel, después de los rigores de su predecesor don Juan, que con esta alternación y variedad de influjos se conservan mejor los imperios.

Cuando los príncipes émulos o vecinos son marciales y guerreros, un rey cebado en los entretenimientos y delicias de la paz es fatal, es peligroso y aun desestimado. Su flojedad acrecienta el orgullo en los contrarios y la desesperación en sus vasallos, grave infelicidad cuando el ajeno rey es codiciado.

Si no es que la política, la sagacidad y el saber suplan la falta de la pericia militar. De esta suerte compitió el político Luis de Francia con el guerrero y bravo Carlos de Borgoña, donde se vio cuánto más vale la maña que la fuerza.

Concurrió Fernando con príncipes de su genio, sagaces, atentos y políticos. Son eras de reyes; acontece en un tiempo ser todos marciales y guerreros, compitiéndose el valor, emulándose la fama. Coincidieron de esta suerte en un tiempo el invicto Carlos V en España, el belicoso Francisco en Francia y el bravo Solimán en Turquía, todos tres grandes caudillos. Hubiérase apoderado cada uno de ellos del mundo todo a no haber tenido tales antagonistas: quebrantáronse recíprocamente el poder y enfrenáronse el esfuerzo.

Otras veces, todos son justos, píos, religiosos e hijos del Excelso. Un Enrico emperador en Alemania, Roberto en Francia, Canuto en Inglaterra y Boleslao en Polonia.

Otras, deliciosos, y, por el consiguiente, remisos: un Childerico en Francia, un Rodrigo en España y un Filipo en el nombre y en los hechos en el imperio. Despiértanse unos a otros los reyes, y adormécense también, y, como los coronados pájaros domésticos, se provocan al canto o al silencio. Hasta en la crueldad se compitieron, así como en el nombre se equivocaron los tres Pedros en España.

Contemporizó Fernando con la política de un Luis XI, con la prudencia de un primer Maximiliano, con la sagacidad de un Alexandro VI, con la astucia de un Ludovico Moro; dioles por su comer a cada uno, y alzose al cabo con la ganancia.

Fue era de políticos, y Fernando el catedrático de Prima. Digo, político prudente, no político astuto, que es grande la diferencia.

Vulgar agravio es de la política el confundirla con la astucia: no tienen algunos por sabio sino al engañoso, y por más sabio al que más bien supo fingir, disimular, engañar, no advirtiendo que el castigo de los tales fue siempre perecer en el engaño.

Dos ídolos, dos oráculos de la política veneran los estadistas: a Tiberio y a Luis; encarecen su disimulación, exageran su artificio; mas yo atribuyo esta reputación de políticos más al comento de sus dos escritores, que fueron Tácito y Comines, que al acierto de sus hechos.

Siempre tuve por inútil, y aun infeliz, toda su máquina política, pues los trajo a entrambos a términos de perder sus dos coronas: a Tiberio, por desprecio; a Luis, por aborrecimiento. Lo que no pudieron por reputación de prendas, pretendieron conseguir por la afectación; y lo que debieran por el amor de sus virtudes, intentaron por el horror de sus crueldades.

Llegó Tiberio al extremo de la desesperación; dejáronle todos con el afecto, y él mismo se condenó al destierro de una isla. Murió en vida, que es muerte intolerable; ventaja fue en Calígula y Nerón quedar muertos, para no sentir los póstumos agravios; pero Tiberio quedó muerto para la autoridad y sensible para el desprecio.

No es saber aquél de quien degeneran los efectos. Son las obras prueba real del buen discurso. Política inútil la que se resolvió toda en fantásticas sutilezas, y, comúnmente, cuantos afectaron artificio, fueron reyes de mucha quimera y de ningún provecho.

¡Cuánto mejor político fue Luis Nono que el Undécimo, franceses entrambos, sin tanta metafísica ni máquina! Sacó el Santo Rey la connatural guerra de Francia y echola sobre los enemigos del Señor, con gran gloria del cristianísimo renombre; sacola él, y volviéronla sus sucesores, sin haber vuelto a salir jamás, ya de los propios, ya de los cristianos confines, con tan poco fruto como felicidad, que, a haberla proseguido, estuviera ya olvidado en toda Europa, en África y en Asia el nombre de Mahoma. ¡Oh, punto digno de observarse, y de lamentarse también! ¡Que esté hoy ardiendo en guerras el cristianismo y descansando todo el paganismo! ¡Bañada en sangre la Cristiandad y en rosas la Infidelidad!

La verdadera y magistral política fue la de Fernando, segura y firme, que no se resolvía en fantásticas quimeras. Útil, pues le rindió reino por año. Honesta, pues le mereció el blasón de Católico. Conquistó reinos para Dios, coronas para tronos de su Cruz, provincias para campos de la Fe, y, al fin, él fue el que supo juntar la tierra con el Cielo.

Fue rey de prendas y de ocasiones, cortadas éstas a la medida de aquéllas. Tuvieron algunos príncipes excelentes prendas, pero faltáronles las ocasiones de emplearlas. Al contrario, otros tuvieron las ocasiones y faltáronles los talentos, que no sé cuál condene por mayor infelicidad. No las afectó Fernando, ni las violentó; su dicha le convidaba con ellas. Andan algunos a caza de ocasiones, sacando de sus quicios el universo, y al cabo los oprime su dolencia.

Su mayor prenda, y el Sol de las demás, fue una prodigiosa capacidad, fundamento seguro de una real grandeza.

Será feliz el mundo (dijo Platón, y apreció Valerio) cuando comenzaren a reinar los sabios, o comenzaron a ser sabios los reyes. El primario real constitutivo es una gran capacidad, y rey de mucha capacidad, rey de mucha sustancia. Llamose la cabeza así, no de la material cavidad, sino del comprender. Eslo el príncipe del reino: luego su mayor atributo ha de ser el abarcar, el entender.

La capacidad constituye personas; la incapacidad, monstruos; aquella, un César que funda la monarquía; ésta, un Galieno que la pierde; aquella alienta un Ciro a las gloriosas fatigas; esta, un Darío al ocio y al descanso; y así de la una brotan prendas en Pelayo, de la otra siniestros en Rodrigo; de la una hazañas en Rómulo, de la otra abominaciones en Tarquino.

Todos los grandes reyes, eternizados en los archivos de la fama, en los inmortales catálogos del aplauso, fueron de gran caudal, que sin este no puede haber grandeza.

Nace, no se adquiere, el dado óptimo, el don perfecto, que desciende del Padre de las ilustraciones. Bien que crece con la industria y se perfecciona con la experiencia.

Es la capacidad el fundamento de la política, aquella gran arte de ser rey, que no hace asiento sino en los grandes juicios: en un Luis XI de Francia, en un Matías Corvino de Hungría, en un Maximiliano emperador, en un Esteban Bator de Polonia y en un Fernando de España.

Es la capacidad seno de la prudencia, sin la cual ni el empleo, ni el ejercicio, ni los años, sacan jamás maestros. Con ella los mancebos son ancianos, y sin ella los ancianos son mancebos. Mereciole a Otón III el superlativo de los renombres, digo, el ser llamado «Milagro del Mundo», porque de once años fue elegido emperador, y desempeñó bien los sufragios; suplían las canas los aciertos, y admiraron todos un siglo de madurez en dos lustros de su edad.

Pero donde se extremó el de una gran capacidad fue en Semíramis, la que fundó a Babilonia, la que mandó el Asia: cuarenta años imperó en fe de que era varón. Empeñose en ser hombre, y depuso con los arreos mujeriles los achaques; pero nunca bastara el traje a disimular el sexo si no lo desmintiera el caudal.

Es la capacidad la otra columna, que, ladeada del valor, aseguran entrambas la reputación, y, en competencia, ganó siempre la primera. Por ella fue llamado sabio Carlos V el francés, no por estudios, ni ciencias, sino porque supo reinar, que es el verdadero saber en los reyes; sin vestirse el arnés, recuperó toda la Francia, ya casi toda ajena, y, sin desamparar el trono real, rechazó a su Britania los ingleses.

Mas para esto es menester un caudal sumo: la inteligencia de un Justiniano, la política de un Luis, la prudencia de un Felipe II. Que querer Galieno, no igualándoles en el saber, excederles en la inmovilidad, es querer guardar el palacio, mas no el imperio.

Del saber y del valor se adecua un príncipe perfecto: un Moisés, para ser legislador y caudillo de la República de Dios. Un David valiente, para celar; sabio, para celebrar la honra del Altísimo. Un César, haciendo blasón de la pluma y de la espada. Un lacedemonio Agesilao, cuyas sentencias merecieron ser las primeras en el libro de los discretos, y sus hechos en el de los valerosos. Un Constantino Magno, ya autorizando los concilios y ya acaudillando los ejércitos. Un Justiniano dando armas y leyes al Imperio. Un Mahometo II, leyendo y conquistando. Un Alfonso el Magnánimo, o en la academia, o en la campaña. Un Ismael Sofí, cuyo renombre de sabio fue timbre de su victoriosa espada. Un Francisco I de Francia, rodeado de sabios y caudillos. Un Filipo II de España, que comenzó valiente y acabó prudente.

Consiste esta nunca asaz encarecida prenda en dos facultades eminentes: prontitud en la inteligencia y madurez en el juicio; precede la comprensión a la resolución, y la inteligencia aurora es de la prudencia.

Un príncipe comprensivo, un Casimiro el Grande de Polonia, digo, está en todos los puntos en uno. Hacíase señor de todo por la noticia para serlo por la potencia. Matriculó primero Augusto todo su imperio en la cabeza, y después lo tuvo en el puño. Abría y cerraba a su arbitrio las puertas de Jano, que era lo mismo que tener en su mano las llaves del Universo, señor de la guerra y de la paz. Estaba en todas partes el africano Jacob Almanzor por autoridad y reputación, porque estaban todas en él por cognición.

Un príncipe prudente, cuyo gran juicio es el contraste de todo gran caudal. Pesaba los talentos Teodosio; medía los fondos Antonino; apreciaba las eminencias el godo Sisebuto; examinaba los méritos Alfonso; levantaba ministros Justiniano, no acaso, sino por elección, capitanes que merecían ser emperadores, y él mucho más; repartía los cargos Antonino emperador, distribuía los empleos, no por facilidad de su ánimo, sino por el examen de su riguroso juicio.

Un príncipe sagaz, Argos real que todo lo previene. Émulo de Jano, que mira a dos haces, de fondo inapeable, con más ensenadas que un océano. Los propios le recelan, los extraños le temen y todos le atienden, porque a todos entiende.

Un príncipe penetrante descubre más tierra en una ojeada que otros con eterno desvelo: al que mucho alcanza nada se le pasa, y al que todo lo penetra, nada se le esconde. Tenía Enrico IV de Francia inteligencia trascendente, que hasta las intenciones preocupaba, zahorí de la mayor profundidad, haciendo anotomía de los espíritus, de los naturales, de las inclinaciones.

Un príncipe vivo, que todo lo ve, todo lo oye, todo lo huele, todo lo toca. No enfermaban los oídos de Vespasiano del común real achaque, adulterios de la verdad, siniestros de la información, traiciones de la lisonja.

Un príncipe atento, que ni duerme, ni deja dormir a los que le ayudan a ser rey, a las potestades inferiores. León si vela, león si duerme, siempre abiertos los ojos, o con la realidad, o con la cobrada apariencia. ¡Oh, atención la del prudente Filipo de las Españas, y comparación suya muy repetida y mejor practicada la del telar con el trono donde asiste un príncipe siempre atento al hilo que se rompe!

Un príncipe sensible, que le piquen, que le lastimen las pérdidas en lo vivo del corazón. Hicieron algunos paradoja razón de Estado de la indolencia, y magnanimidad de la insensibilidad. Sensibles formó la naturaleza próvida sus vivientes, medio único de su conservación, y sensibles quiere sus reyes la política.

¿Quién no abominará la estupidez de Galieno? Atropellábanse unas a otras las malas nuevas de las provincias rebeladas, de los reinos perdidos, que pasaron de veinte, y él, muy sosegado, respondía: «¡Eh, que bien pasaremos sin las legumbres de Egipto! ¿Qué nos importan ahora los cáñamos de Francia?». ¡Oh, torpe insensibilidad! ¡Que cuide un príncipe de que los higos estén verdes todo el año y no cuide de que florezca el imperio! ¡Que busque invenciones para que las uvas duren dos y tres años y sufra que se le pierda la monarquía! Y no faltaban perniciosísimos lisonjeros que canonizaban esta barbaridad por magnanimidad y esta estupidez por constancia; y llega a tanto a veces su atrevimiento, que quieren vender por gran sutileza de política lo que es una aborrecible negligencia. No hay príncipe que, mientras vive, no sea entre sus lisonjeros héroe, entre los demás tolerado, pero después entra haciendo justicia la enterísima verdad.

Magnánimo fue Augusto, cuyo nombre es timbre de su corazón; con todo eso, sintió tanto el degüello de las romanas legiones en Germania, que hería el suelo con los pies y las paredes con la cabeza, y llegó a dar voces, repitiendo:

«¿Qué hiciste de mis legiones, Quintilio Varo? Vuélveme mis soldados valerosos. ¿Qué cuenta has dado de tanto y tan esforzado capitán?». No se le vio reír en meses, ni comer en días. Ésta sí que es verdadera política, y no contraria a la majestad. Nunca pensó Rodrigo que estaba tan adelante su perdición, ni Roboán miró tan de cerca su ruina. No pensándolo, perdió Juan de Labrit su corona y Astiages su diadema.

Este príncipe comprensivo, prudente, sagaz, penetrante, vivo, atento, sensible y, en una palabra, sabio, fue el Católico Fernando, el rey de mayor capacidad que ha habido, calificada con los hechos, ejercitada en tantas ocasiones; fue útil su saber, y, aunque le sobró valor, jugó de maña. No fue afortunado Fernando, sino prudente, que la prudencia es madre de la buena dicha. Comúnmente, es feliz, así como la imprudencia es desgraciada: todos los más prudentes príncipes fueron muy afortunados.

Mas ¿qué aprovecha el gran caudal en un don juan el Segundo de Castilla, si no hay aplicación? Que el incapaz Childerico remita con el trabajo el empleo, agradézcasele, porque eligió con mejoría. Pero que el persiano Tamás sepultase un aventajado talento en el ocio y en el vicio, digno fue de execración.

Más alcanza en todas las artes una mediana habilidad con aplicación, que no un raro talento sin ella. La confianza es madre del descuido, y éste es plaga de los grandes oficiales. El morir de un rey quiso Vespasiano que fuese en pie, y despachando, cuanto más el vivir. Excede la remisión a todos los vicios en un príncipe, así de la banda irascible como de la concupiscible. Fueron muchos grandes reyes, no tanto por sus grandes prendas, cuanto por su loable continua asistencia.

No perdona al despacho en sus mayores recreaciones el gran Mogol del Asia, penetrando el teatro de las fieras con la audiencia de sus vasallos. Permite la vista al entretenimiento y reserva el oído a la información.

Malo es querer Amulio y Dionisio ser reyes, no siéndolo; y peor, siéndolo Ladislao de Polonia y Eduardo de Inglaterra, no quererlo ser. Aquello se llama tiranía; esto no tiene nombre.

Compitieron en Fernando el caudal y la aplicación para componer un rey perfecto, un monarca máximo: cuarenta años reinó, sin desperdiciar uno tan solo, y obró más que cuarenta reyes juntos.

Árbol coronado es un cetro, que da por frutos hazañas. Pide a sus plantas la sabia naturaleza un fruto en cada año. ¿Qué mucho lo pretenda la fama en sus héroes?

Ociosamente ocupa el campo la estéril lozana higuera, y el trono real un príncipe inútil. No sirve sino de estorbo a otro que coronara el reino con las fecundas ramas de sus brazos.

Colgaba Alcides en los umbrales de la fama un nuevo trofeo en cada un año, ya el león, y ya la hidra, mentido héroe en quien idearon los antiguos un príncipe verdadero, obligado siempre a nuevos gloriosos empeños.

El verdadero Hércules fue el Católico Fernando; con más hazañas que días, ganaba a reino por año, y adquirió por herencia el de Aragón, por dote el de Castilla, por valor el de Granada, por felicidad la India, por industria a Nápoles; por religión a Navarra, y por su grande capacidad, todos.

Son varias las empresas de un rey, y todas ellas heroicas. Hanse de abrazar, como hacía el primer Esteban de Hungría, no por elección, sino por ocasión. No las que le proponía el gusto a Alejandro el Magno, sino las que pedía la necesidad al valeroso Alejandro Severo.

Así, que no todas las reducían Gustavo I de Suecia y Alfonso el Magnánimo de Nápoles al valor, que hay otras muchas, y a veces de más reputación que las militares. Más gloria mereció Justiniano por las leyes que Aureliano por las armas. Más célebre hizo a Fernando el haber fundado el integérrimo, el celador, el Sacro Tribunal de la Inquisición, que por haber establecido su monarquía. Y ganó más con haber echado de España los judíos que con haberla hecho señora de tantas naciones.

Las del valor fueron plausibles en Carlos V; las de la justicia, urgentes en Felipe II; las de la religión, gloriosas en Felipe III; las del gobierno, heroicas en Felipe IV el Grande, y todas juntas en Fernando.

Nunca ha de vacar un rey, porque son grandes sus acciones; en cesando la ocasión de unas, ha de pasar a otras. Tuvo bien sabida esta regla César, el hombre de más capaz y fecundo corazón. Cuando ya no tuvo provincias que sujetar, emprendió allanar los montes. Después de haber dado leyes a los hombres, intentó ponerlas a los ríos y a los mares. En habiendo restaurado el orbe, se puso a reformar el tiempo. Si bien ponderó el profundo Cayo Veleyo que, en acabándose los empleos militares, acabó él. Y la muerte, que le perdonó en tantos años de peligros en la guerra, le halló en solos cinco meses del descanso.

Llámanse unas a otras las hazañas, y facilítanse las ejecuciones. Así lo practicaba Solimán, envejecido en las empresas por cuarenta años de su florido imperio. El primer año aseguró el Egipto, y el segundo descentó la Hungría. No se contentó con la presa de Rodas, sino que anheló luego a la de Malta, y el no ocuparla del todo fue porque a sus dos poderosos desunidos brazos les faltó la asistencia de tan gran cabeza. Eran sus serrallos los reinos conquistados, y sus deportes los bien merecidos triunfos. ¡Oh, monarca de buen gusto!

En comenzando un príncipe a cebarse en las proezas, no se halla sin nueva ocupación heroica. De esta suerte, el César de los españoles, Carlos, tomaba por descanso las unas de las otras; de humillar los herejes pasaba a enfrenar los turcos; de cautivar un rey, a ahuyentar otro. Y las conquistas del África eran sus vacaciones de la Europa.

Este es el digno empleo de los reales tesoros. Mal empleados millones los de Nerón y de Calígula, y bien logradas blancas las del aragonés don Jaime.

Cuando las empresas son útiles, ellas restituyen los préstamos con logro. Tuvieron en esto magnífico electivo acierto los reyes de Portugal, consiguiendo a la par rentas y honores.

Ahorraba el sagacísimo Fernando de vanos inútiles empeños, que no son de provecho, sino de tema, sepultura de vasallos y tesoros; cuales eran los de los Pedros de Castilla y Aragón, originados más de la porfiada emulación que de la conveniencia, y el remate de semejantes empresas no era otro que quedar rematados entrambos reyes y reinos.

Casarse Carlos VIII con la fama a secas es buscar mujer pobre y estéril, y, entre dos extremos de escoger, es un príncipe dejado antes que un orgulloso inútilmente.

Motivaba con mil conveniencias una empresa Enrico IV de Francia cuando, acertada ya la intrínseca utilidad de ella, anteponía tal vez los adherentes. Asegura la salud del reino purgándole de los humores, o gastados o superfluos. En faltándoles a algunas repúblicas las conquistas, adolecieron de intestinas sediciones. Grande aforismo fue siempre hacer antídoto del veneno.

Fue la ociosidad carcoma de la continuada felicidad de España, manantial perenne de los vicios en Roma. No hay mayores enemigos que el no tenerlos: sentencia esforzada de Metelo cuando lo de Cartago, y que pasó a desengaño con la dañosa experiencia. No solían vivir sin guerra los otomanos, y, variando de enemigos, les entibiaban con la intermisión el valor y con el olvido la experiencia, conservando siempre floreciente su milicia.

Es la potencia militar basa de la reputación, que un príncipe desarmado es un león muerto, a quien hasta las liebres le insultan.

No deshizo sus escuadrones Fernando, acabada en España su envejecida guerra; sirviole de escarmiento su principio en el descuidado Rodrigo;

mudoles el palenque, y, echando fuera de España las armas, hizo de ellas muralla viva a sus reinos.

Conoció y supo estimar su gran poder; tenía tomado el pulso a sus fuerzas y súpolas emplear; tenía tanteadas las de sus enemigos y súpolas prevenir; sacando los españoles a las provincias extrañas, los transformó en leones; acometiendo siempre a los franceses, los venció siempre, y nunca dio lugar a su prevención. Tenía comprendidas las naciones, y dábales por su comer.

Pero la eminencia de este gran político estuvo en hacer siempre la guerra con pólvora sorda. Esto es, sin el peligroso y vano ruido del armar, sin asonadas de empresa, que avisan a los contrarios, irritan a los neutrales y despiertan a todos. Sin hacer del hacendado, cogía una plaza en el África, un reino en España, una isla en el océano, una ciudad en Italia, y todo esto con la presteza de un león. No hubo hombre que así conociese la ocasión de una empresa, la sazón de un negocio, la oportunidad para todo.

Hallábase en persona, o por la de su gran consorte, que equivalía, a las empresas importantes dentro de España.

Célebre cuestión política si el príncipe ha de asistir en un centro por presencia y en todas partes por potencia y por noticia, o si, como el Sol, ha de ir discurriendo por todo el horizonte de su imperio, ilustrando, influyendo y vivificando en todas partes. Hállanse eficaces argumentos y acreditados ejemplos por el uno y otro dictamen.

Todos los hazañosos príncipes y que obraron cosas grandes asistieron en persona a las empresas. De esta suerte el Magno Alejandro en diez años allanó la Grecia, sujetó la Persia, domó la Escitia, desfrutó la India y conquistó el Oriente, llenando el mundo de terror y la posteridad de fama. El famoso César consiguió cinco triunfos: el gálico, sojuzgada la Francia, conquistada la Britania, enfrentada la Germania; el alejandrino, oprimido Ptolomeo; el africano, derrotado Juba; el póntico, humillado Farnaces; el hispánico, extinguidas las reliquias de Pompeyo. El célebre Aníbal, de veinte años expugnó a Sagunto, venció cinco generales y tres cónsules romanos, y en la batalla de Cannas noventa mil senadores. El magnánimo Augusto acabó felizmente cinco guerras civiles, avasalló doce bárbaras naciones y todas las del orbe le enviaron sus embajadores y presentes. Pasó Trajano los límites del Imperio de la otra parte del Tigris y del Eúfrates. Estableció Carlo Magno su tetrarquía y ciñó sus venerables canas de las tres coronas. Conquistó Mahometo dos imperios, doce reinos y más de doscientas ciudades. Dio y ganó el conquistador don Jaime treinta batallas campales. Avasalló Quingui nueve reinos y destruyó otros tantos. Guerreó Otón I treinta años, triunfando de los príncipes de Alemania, Bohemia y Hungría, y de los Berengarios en Italia. Despojó toda la Asia el Tamorlán, llamado «Terror del Mundo», cautivando a Bayaceto, con muerte de doscientos mil turcos, asolando en tres años la Albania, Iberia, Armenia, Persia, Mesopotamia y el Egipto. Venció Boleslao de Polonia los prutenos, sajones, casubios, pomeranios; a Boleslao, rey de Bohemia; a Jaroslao, Duque de Nisia, avasallando hasta los ríos Tira y Borístenes, y fijando las dos columnas de metal.

Aterró el Asia Mahometo, el Gran Mogol, con ochocientos mil combatientes, y asentó su imperio entre los dos ríos Indo y Ganges.

Empleó ochenta años en pelear contra los moros el victorioso don Alonso Enríquez, primer rey de Portugal, venciendo en varios reencuentros ocho reyes, y degollando los siete. Conquistó Ismael Sofí la Persia, Mesopotamia, Media, Capadocia, Iberia, Armenia y Albania. Humilló Carlos V los mayores príncipes que ha tenido el mundo: cautivó al de Francia, desmayó al turco, aprisionó al de Méjico, despojó al Inca, desbarató al de Túnez, y otros más. Pero a quien se rinde toda admiración es a la gran Semíramis, la que fundó Babilonia: no contenta con la amplísima monarquía de Asiria, conquistó el Egipto, emprendió la India, y, capitaneando un millón de gentes con dos mil naves, venció sobre las aguas del río Indo al rey Estaurobates; aliñándose el cabello, la dieron nueva que se había rebelado Babilonia, y, sin acabar el aliño, fue, vio y venció.

Así que todos los príncipes héroes, los que hicieron cosas hazañosas, acaudillaron personalmente sus ejércitos. Y era político proverbio entre los belicosos otomanos, aquellos primeros conquistadores, que no era cumplida la victoria donde no se hallaba el Gran Señor.

El ver sus soldados un rey es premiarlos, y su presencia vale por otro ejército. Con solos ciento y su real valor, fue a oponerse el rey don Pedro de Aragón el Grande al rey de Francia Filipo, que entraba en Cataluña con diecisiete mil y seiscientos caballeros, todos de linaje, cien mil hombres de a pie bien armados, cincuenta mil gastadores y ochenta mil acémilas. Solo don Pedro bastó a detener su furia por entonces, y, con moderado socorro, acabó con Filipo y con todo su ejército después. Perdió Sardanápalo la monarquía de oro por estarse hilando en los infames estrados de sus rameras. Pereció Darío con sus delicias, y, si salió a resistir a Alejandro, cuando más no pudo, fue con lanzas de oro y carros de marfil. Por no querer perder Galieno una flor de sus jardines, dejó perder veinte provincias y sufrió que se le alzasen treinta tiranos. Perdiose primero Rodrigo en la deliciosa paz y después en la batalla. Dejose cercar en su corte y su palacio el negligente Constantino, y, al que no quiso salir a buscar al enemigo, el enemigo le vino a buscar a Constantinopla.

Volvían aquellos famosos príncipes, Augusto, Trajano y Teodosio, victoriosos a su Roma, como a teatro de sus triunfos, y estábanse en ella Tiberio, Nerón, Calígula, Domiciano y Heliogábalo como en cenagal de sus deleites. Que no es verdadera quietud la que no se consigue con el movimiento necesario. Mucho daño hicieron los dos Luises, el de Polonia y el de Hungría, y remató el portugués don Sebastián con sus tragedias; su temeridad hizo sobradamente cuerdos a otros príncipes; ellos perdieron sus reinos por su audacia, mas causaron que los perdiesen otros por escarmiento.

Al contrario, el oficio de un rey es el mandar, que no el ejecutar, y así su esfera es el dosel, que no la tienda; es cabeza que, por guardarla, hasta los brutos exponen pieza a pieza todo el cuerpo. ¿Quién apoyará que un príncipe exponga vida y reino y honra al riesgo de una suerte, después de tantos antiguos y modernos escarmientos?: de un Valeriano emperador, hecho escabel a los pies del Bárbaro Sapor; de un Bayaceto, cautivo del Tamorlán, metido enjaula de oro, castigo proporcionado a su fiereza; de un desdichado Ladislao, rey de Polonia, burlado de la fortuna, mal aconsejado de los suyos, victorioso vencido, hecho ayunque de los jenízaros alfanjes; después de un don Alonso de Aragón, desaparecido en Fraga, porque nadie pudiera alabarse de haber visto un rey aragonés vencido y muerto; después de un rey Francisco de Francia, llamado el Grande solo para que tuviese España un gran cautivo; de un Sebastián, Sol que al amanecer le eclipsaron las lunas africanas.

Peleó César bien para ser emperador, y Valeriano mal para dejarlo de ser. Conquistó Almanzor a España por sus capitanes, y conservó el África por sí mismo. Más victorias alcanzó el emperador Carlos V ausente de sus ejércitos que presente. Halláronse en las batallas algunos reyes para levantar sus monarquías; pero, ya establecidas, no fuera prudencia arriesgarlo todo. No iba el felicísimo rey don Manuel de Portugal a buscar las victorias al África y al Asia, que ellas se le venían y entraban por sus puertas, y el Oriente vino a postrársele a sus pies.

Mas, entre estos dos extremos halló el medio el prudentísimo Fernando: ni todo era caminar como Adriano, ni todo holgar como Galieno.

No fijó su corte en alguna ciudad de las de España, o porque no dio por definida su monarquía, aspirando siempre a más, o por dictamen profundo de no hacer cabeza una nación y pies otra. Punto de tanta atención, que por eso los políticos reyes de la China señalaron dos ciudades, Panquín y Nanquín, para sillas de su grandeza, atendiendo, ya a la propia comodidad en la alternación de estancias con las inclemencias de los tiempos, ya a la seguridad de los vasallos, igualándolos en los favores y en las cargas.

En todas las monarquías hubo siempre un centro real del mando. Fuéronlo algunas ciudades porque comenzó en ellas la monarquía. Así, Roma fue cabeza de su gran imperio, y después de todo el mundo, emporio coronado de todas sus riquezas, delicias, grandezas y maravillas; madre universal de las naciones, que llegó a tener cinco millones de almas. Otras lo fueron por elección, atendiendo a las conveniencias, ya de la política, ya de la economía, como lo fue Constantinopla, primero del imperio cristiano, después del otomano, calificando su primera elección, una y otra, acertada, por estar esta imperial ciudad en el mejor sitio del orbe, en los términos de Europa y Asia, señoreando el mar Euxino y la Propóntide, llave de entrambos mares, centro de las provincias de la Tracia, reina de las ciudades de Europa, por la hermosura de su sitio, comodidad de su puerto, grandeza de sus edificios, riqueza de su trato, abundancia de bastimentos y corte del Gran Turco.

Nació Corte la gran Nínive en el primer imperio del mundo, que fue el de los asirios, y creció tanto, que llegó a tener tres jornadas de camino, según la Divina Historia. Compitió con ella Babilonia, corte de los príncipes caldeos, con sus cien puertas de bronce, murallas de cincuenta codos de latitud y más de doscientos de altitud, con sus tres mil torres. Fabricola Semíramis, engrandeciola Nabuco, y tanto, que refiere Aristóteles que, habiendo sido entrada y saqueada, tardó una parte de ella tres días en saberlo. Mas, olvidando las cortes de los ya olvidados imperios, mereció París ser silla de sus cristianísimos reyes, más ha de mil años, por lo abastecido de su terreno, con más de doce mil poblaciones a diez leguas de su contorno, siendo hoy la mayor ciudad de la cristiandad; Londres, en Inglaterra, por lo ameno de su campaña y por lo navegable del Támesis, su río; Viena, en Alemania, por lo fuerte y por lo fiel; Stocolmio, en Suecia, por lo maravilloso de su lago y por la frecuencia de su puerto; Cracovia, en Polonia, dividida en otras tres, célebre por sus escuelas y fuerte por sus castillos; Mosca, en la Moscovia, por su saludable terreno, donde jamás halló entrada la peste, tan poblada, que entra en el número de las cuatro famosas de Europa; Tauris, en Persia, coronada de jardines, regada de mil fuentes, bañada de aires salutíferos y abastecida de todo género de delicias; Cambalú, en la Tartaria, de tan gran comercio, que entran cada año en ella mil carros de sedas de la China, venciendo a cuantas hay en lo suntuoso y magnífico de su palacio; Sarmacanda, en los mogoles, enriquecida primero con los despojos de toda la Asia, y de tanta grandeza, que solía haber en ella sesenta mil caballos; Fez, en Berbería, la más bella y más poblada del África, ceñida y aun penetrada de los brazos de su río, emporio real de letras y de riquezas.

Dejó Fernando esta elección a la felicidad de sus sucesores, que, asentada la monarquía, escogieron a Madrid, por ser centro de España y por lo saludable de su terreno.

A las empresas fuera de España, que no fueron las menos gloriosas, asistía, si no por su presencia, por su dirección, fiada a famosos caudillos, prudentes virreyes, atentos embajadores criados en su escuela, graduados de su elección.

Este gran empleo del reinar no puede ejercerse a solas, comunícase a toda la serie de ministros, que son reyes inmediatos. ¿Qué importa que el príncipe sea excelente en sí si los ayudantes le desacreditan? Esclarecido rey era Estenón el Segundo de Suecia, pero sus indignos virreyes le oscurecieron. Amable era por sus reales prendas Carlos de Anjou; aborrecido fue por la iniquidad de sus ministros, hasta perder el fértil reino de Sicilia en aquella memorable tarde.

Recaen sobre la cabeza los yerros o los aciertos de los demás miembros; subordinados reyes hubo, en nada aventajados por sus personas, que fueron grandemente célebres por la eminencia de sus ministros. Éstos hicieron inmortal a Justiniano, Narsés y Belisario, armados; Teófilo y Triboniano, togados; y, al contrario, reyes hubo eminentes por sí e infelices por sus instrumentos del reinar. Mereció por su persona la ilustre Margarita ser reina de Dinamarca, de Noruega y de Suecia; desmereciéronlo sus prefectos, y perdió los reinos ella. Y es lástima que perezca la inestimable real reputación de un máximo Carlos en España, no por faltas suyas, que no las tuvo, sino por las de sus codiciosos gobernadores.

Un rey de gran capacidad eslo, por el consiguiente, de grande elección. Estimaba don Enrique el Tercero de Castilla (aquél que se preció de gran gobernador, y de verdad lo fue), apreciaba grandemente los aventajados ministros, así de milicia como de gobierno, porque conocía su importancia.

Conservábalos siempre Felipe II el Prudente en artificiosa dependencia, templando sus muchas esperanzas con algo de fruición, que es arte de por sí ésta del saber llevar los ministros, el hacerlos y conservarlos.

Algunos atribuyen a suerte de un rey el tener buenos ministros, pero más es, o prudencia en saberlos escoger, o ciencia en saberlos hacer.

No solo los escoge buenos un rey sabio, sino que los hace, los forma, los amaestra. El que ellos sean asortados no es del príncipe el conocer; si lo son, sí.

El político los forma políticos. Infundíales Luis XI de Francia, aun a los hombres de más común estado, que él juzgaba por más manuales y más dóciles, aquel su político espíritu. Su inteligencia en el descubrir, sus reflejos en el prevenir, su destreza en el negociar, su artificio en el proceder.

El valeroso y ejercitado en las armas los saca grandes guerreros; fue seminario de insignes capitanes la tienda del emperador Carlos V. Obró grandes cosas por sí, mayores por ellos; su felicidad extraordinaria se les pegaba y los asistía.

Así que el político Luis los hace políticos; el batallador don Jaime, valerosos; el sabio Carlos francés, sabios; el gobernador Enrique de Castilla, grandes gobernadores; el santo Fernando, rectos; el prudente Felipe, prudentes; el justiciero don Jaime de Aragón, justicieros. Y el gran Felipe IV de las Españas, porque lo es todo, ha tenido un ministro, digo, un archiministro: el Excelentísimo señor don Gaspar de Guzmán, Conde-Duque de Olivares, eminente en todo, Ministro Grande del Monarca Grande. Verdaderamente gigante de cien brazos, de cien entendimientos, de cien prudencias. Que sin duda previno el Cielo para los mayores riesgos de esta Católica Monarquía los mayores hombres. Y el conjurarse el mundo todo contra ella no ha sido sino para que las reales y ducales prendas saliesen a la luz universal de todo el orbe y de todos los siglos.

Pero lo que más le ayudó a Fernando para ser príncipe consumado de felicidad y de valor fueron las esclarecidas y heroicas prendas de la nunca bastantemente alabada reina doña Isabel, su católica consorte, aquella gran princesa que, siendo mujer, excedió los límites de varón.

Acarrea mucho bien la buena y prudente mujer, así como la imprudente mucho mal. Las madres, por respeto; las esposas, por amor, obran mucho con los príncipes. Pudo la sabia y cuerda Mesa, el tiempo que vivió, encubrir, sino enfrenar, las monstruosidades de Heliogábalo, su nieto. La santa emperatriz Elena reengendró en cristiandad y toda virtud al grande emperador Constantino. Mientras vivió su religiosa madre, fue otro Federico emperador. Gran parte de la heroica santidad de Luis IX de Francia se debe a la enseñanza de la española doña Blanca, su gran madre. La santa aragonesa doña Isabel, inmortal reina de Portugal, fue oráculo de virtud y de paz entre el rey don Dionisio, llamado el Fabricador, su esposo, y el príncipe don Alfonso, llamado el Bravo, su hijo. Con su disciplina religiosa vencía la militar, y con su piedad deshizo los armados escuadrones de un padre contra un hijo y de un hijo contra un padre, cruces contra cruces y quinas que amenazaban quinas. Nuestra inestimable reina y señora, doña Margarita de Austria, riqueza mayor de España, cuya santa memoria está siempre fresca en el continuo llanto, hizo más santo a su esposo, y llenó el mundo de católica sucesión de Atlantes de la Fe, de columnas de la religión, de soles de la cristiandad.

¡Dichoso el príncipe a quien una prudente y santa madre le saca segunda vez a la luz de la virtud y, como cristiana osa, le va formando e informando!

Con todo eso suele predominar más en la voluntad de un príncipe el intenso amor de una esposa que el reverencial de una madre; ilustraron a muchos sus consortes y a muchos los deslustraron. Viose esta diferencia en el rey don Juan el Primero de Aragón, a quien su primera mujer le hizo amable de sus vasallos, y la segunda, aborrecible.

Reinan comúnmente en este sexo las pasiones de tal modo, que no dejan lugar al consejo, a la espera, a la prudencia, partes esenciales del gobierno, y con la potencia se aumenta su tiranía. Pero la que por su corregido natural salió sabia, y prudente, lo fue con extremo, y, ordinariamente, las muy varoniles fueron muy prudentes.

Asegurado un príncipe de la buena capacidad de su consorte, dele lugar de conreinar, mas siempre con templanza. Valía por dos el gran rey don Ramiro el Primero de Castilla, ayudado de la prudencia y el valor de la reina doña Urraca, su mujer, y mucho más el rey don Juan el Segundo de Aragón, de la reina doña Juana; dividíanse el trabajo entrambos: en tanto que el rey conducía en un reino los ejércitos, la reina tenía Cortes en el otro, y, como resplandeciente Luna, suplía las ausencias del bien ocupado rey.

No es mucho el consejo de una mujer, pero bueno; perdiose por no abrazarlo el rey don Juan, último de Navarra, y debiera conservarse rey por el consejo de la que le hizo rey.

Bien es que cele un príncipe su mando de todos, pero ceda a la razón en todos, y más en una consorte sabia y santa.

Una hermana prudente, cuerda y sagaz bien puede entrar en lugar de esposa o madre. Fuelo con don Enrique el Primero de Castilla la esclarecida reina de León doña Berenguela, su hermana, que, mientras le asistió, gozó de tranquilidad Castilla. En España han pasado siempre plaza de varones las varoniles hembras, y en la casa de Austria han sido siempre estimadas y empleadas.

Fuera rara y singular entre todas la Católica reina doña Isabel, de tan grande capacidad, que, al lado de la de un tan grande rey, pudo, no solo darse a conocer, pero lucir. Mostrose primero en escogerle, y después en el estimarle. Cada uno de los dos era para hacer un siglo de oro y un reinado felicísimo, cuanto más entrambos juntos.

Llegó Fernando a donde pocos llegaron, al extremo de la política, a hacer de su gobierno dependencia, a que conociese la monarquía que ella le había de menester a él, y no al contrario; los mismos que le ahuyentaron con su ingratitud, le instaron con sus ruegos; buscáronle agraviado, pero prudente, y juzgaron por mayor mal carecer de sus acertados dictámenes que sujetarse a su indignada prudencia.

Pocos príncipes llegaron a esta gloria; más fueron los detestados que los deseados; y, si don Sancho mereció en Castilla este renombre, fue más por una bien concebida esperanza que por una encanecida experiencia. No llegó Tito a cumplir los seis años buenos, y aun óptimos, de Nerón. Fueron algunos arrebatados antes que la malicia les mudase el buen juicio.

La variedad es madre del gusto, por lo menos del alivio, y la mudanza de superiores fue siempre plausible; no reparando en que los azares del que acaba suelen trocarse en otros de otra especie en el que comienza.

Solo Fernando fue privilegiado de esta universalidad, fénix del mando, que volvió a renacer a él con aplausos de único. Volvió a Castilla con triunfo de reputación, y llegó el encarecimiento de un gran político a decir que el remedio de esta monarquía, si acaso declinase, no era otro sino que resucitase el Rey Católico y volviese a restaurarla.

Fundada, atendió Fernando a perfeccionarla en todo género de adorno, cultura y perfección política.

Fundó Rómulo la República romana; no le dio lugar de perfeccionarla, o el retorno del castigo fraterno, o el engañoso premio del Senado; quedó esta obligación para los sucesores, que no es la menos importante regla de política dejar gloriosamente empeñado al sucesor, dejarle algún heroico empeño. De esta suerte se despertó Solimán, mozo poco experimentado, y, con la rebelión del Gacele y Mamelucos, de un manso cordero, que comenzaba a reinar, se transformó en un furioso león de los ejércitos.

Entró, pues, Numa e introdujo la religión, aunque falsa, como fundamento de todo gobierno. Inventó dioses y culto, sacerdotes y sacrificios. Sucediole Tulo Hostilio y puso en ser la milicia, añadiendo al valor la disciplina. Luego Anco adornó de edificios la ciudad, de muros, y de puentes, y fundó las colonias. Después de él, Prisco autorizó la majestad real y las de los magistrados con leyes y con insignias. Últimamente, Servio estableció las rentas de la República, los pechos y gabelas, que, moderados, son nervios de su conservación, y, excesivos, de su ruina. Así que Rómulo forma la monarquía y los demás la adelantan y perfeccionan.

Lo que todos éstos hicieron en la monarquía de Italia obró Fernando solo en la de España. Él la hizo religiosa con purgarla de unos y otros infieles, y con ensalzar el tribunal sacro y vigilante de la Inquisición. Él la hizo valerosa, dando a conocer el esfuerzo de los españoles a las naciones extranjeras, con súbito espanto de su potencia; majestuosa, poniendo en su punto la autoridad real, tan atropellada antes y aun competida. Rica, no con tributos, sino con sus flotas perennes, ríos de oro, plata, perlas y otras riquezas que entran cada año de la India. Sabía contraer a ella varones doctos e insignes en letras humanas y divinas. Finalmente, feliz en todo género de perfección y de cultura. De suerte que, con mucha razón, el prudentísimo Filipo, su nieto, haciendo cortesía a sus retratos, añadía: «A éste lo debemos todo».

Con ser tan conocidos y seguros sus aciertos, no contento, no satisfecho de su interior y de la pública aprobación, solía este gran príncipe examinarse de rey. Solía con ardid tomarse a sí mismo residencia.

Si es tan dificultoso conocerse cualquier hombre, ¿qué será un rey? Conocerse en sí mismo no lo permite la propia afición; conocerse en los otros no lo sufre la trascendental adulación. No tiene espejo un rey, pero aquí entra la industria si él es sabio.

Disimulábase príncipe Germánico (pondera Tácito) y, así mentido, iba en busca de la verdad por los desapasionados ranchos de sus soldados. Tal vez escuchaba encomios con fruición, y tal vez lo contrario, con desengaño.

De esta misma destreza se valía Carlos V hecho espía de su reputación, y exploraba los ánimos de los suyos en aquella incauta libertad. Ni el odio ni la lisonja son cristales fieles, adulteran a lo encontrado la verdad: aquél de las virtudes hace vicios, y ésta, de los vicios, virtudes.

Perdido en la caza Francisco I de Francia, desde entonces Grande, hizo noche en casa de la sencillez, y, entre unos villanos, le amaneció el Sol de la verdad, y solía repetir el discretísimo príncipe: «Yo me gané perdido, porque mudo de rumbo».

De algunos simples y de locos hicieron príncipes muy prudentes oráculos de la verdad, que ya ellos solos la dicen. Refieren sin recelo lo que otros hablaron delante de ellos sin reparo. Ésta fue la relevante sutileza de Fernando y corona de su política.

Murió a los sesenta y cuatro años de su preciosa edad, y a los cuarenta de su feliz reinado. Gran dicha de una monarquía cuando sus reyes mueren viejos y no comienzan niños. Vivió poco en la fruición y eternamente en el deseo. El día que murieron Fernando y Carlos, su gran nieto, lloró toda la cristiandad, alegrose toda la infidelidad; volviéronse las veces el día que perecieron Selim y su hijo.

Pero no murió Fernando, que los famosos varones nunca mueren. Anda siempre la fama por extremos. No hay medianía en los reyes. Son conocidos, o por muy buenos, o por muy malos. Así como hay unos prodigios gloriosos, así hay otros monstruos detestables. Unos que fueron basas de la monarquía para subir; otros, tropiezos para caer: reyes de horror, de escándalo, de infamia, cuya memoria se va eternizando en los bronces de la tradición. Unos acabaron con la Monarquía, como Constantínulo con la de Grecia; otros con su prosapia, como Childerico con la de Clodoveo, y otros con la religión, como Enrico VIII de Inglaterra. Comenzó a declinar el reino de Israel en Roboán, por su imprudencia; en Galieno el Imperio romano, por su flojedad; en Caloxanes el griego, por su inadvertencia. Pereció la monarquía de los asirios en Sardanápalo, por sus delicias; en Astiages la de los medos, por su tiranía; en Darío la de los persas, por su descuido; en Rodrigo la de los godos, por su lascivia; en Constantínulo la de los griegos, por su incapacidad. Durarán eternamente la falsedad de Tiberio, la iniquidad de Calígula, la estolidez de Claudio, la tiranía de Nerón, la lujuria de Heliogábalo, la insensibilidad de Galieno, la ineptitud de Carlos el francés, la crueldad de Pedro el castellano, la flojedad de Sancho el portugués, la abominación de Enrico IV el sueco, la infamia de Mauregato, la obstinación de Federico, la ceguera de Enrique VIII. Temblando había de estar siempre un monarca de poder ser agregado a tan horrible caterva.

Otro augustísimo teatro tiene la fama de honor, de heroicidad, de lucimiento, y en él diversos coros, según las eminencias y renombres, y en todos admiró a Fernando con aplauso trascendente: en el de una sacra católica piedad, entre un Teodosio, Enrique, Otón y Rodolfo, primeros de este nombre; entre ambos Ferdinandos, el Primero y el Segundo, emperadores; entre Recaredo, Wamba, Pelayo, don Fernando y Filipo terceros de España; entre Clodoveo, Carlo Magno y Luis IX de Francia; entre Esteban I de Hungría, Enrico I de Suecia, Olao I de Noruega y Casimiro de Polonia.

En el de los valerosos, entre Julio César, don Jaime el Conquistador, el Tamorlán, Quingui, Mahometo II, Carlos V, el bravo Selim, Solimán y Enrico IV de Francia. En el de los magnos, entre un Alejandro, Constantino, Carlo Magno, Alfonso III y Felipe IV de España. En el de los sabios, entre Ismael Sofí, Carlos V de Francia, Alberto de Austria y don Sancho IV de Navarra. En el de los políticos, entre un Luis XI de Francia, Estéfano Bator de Polonia, Matías Corvino de Hungría. En el de los prudentes, entre un Justiniano emperador, Maximiliano I, Gustavo I de Suecia y Felipe II de España. En el de los magnánimos, entre Nino el Primero de Asiria, Jerjes el Primero de Persia, Octaviano Augusto y don Alonso el de Nápoles. En el de los bienquistos, entre Hispán, dando a España su apellido; Tito, llamado Delicias del género humano; Otón III, dicho Milagro del Mundo; y don Sancho el Deseado. En el de los felicísimos, entre un Numa Pompilio, Filipo el macedón, Antonino y don Manuel de Portugal. En el de los justicieros, entre un Jerjes Longímano, dando a su camarero el precio del soborno; Antíoco, retractando todas las injusticias de su imperio; Seleuco, estimando la justicia más que a sus ojos; Aureliano emperador, castigando los traidores, y Nerva los ingratos; don Jaime el Segundo de Aragón, dicho el justiciero, y don Alfonso el Undécimo de Castilla, el Conquiridor. Finalmente, en todos los catálogos del aplauso y de la fama halló a nuestro universal Fernando por católico, valeroso, magnánimo, político, prudente, sabio, amado, justiciero, feliz y universal héroe.

Ésta es, ioh, Excelentísimo Duque, gloria máxima de los Carrafas e inmortal corona mía!, una ruda copia del que fue perfectísimo dechado de monarcas. El último rey de los godos por línea de varón; pero el primero del mundo por sus prendas; cuyo mayor acierto, entre tantos, fue haber escogido, digo haber ejecutado la ya superior, divina elección de la catolicísima Casa de Austria.

Casa que la ensalzó Dios, para ensalzar con ella su Iglesia, acabándose las discordias tan antiguas como crueles entre los Federicos emperadores y los sagrados Pontífices, comenzando la paz en el emperador Rodolfo de Austria. Casa que, después que ella reina, no sabe la Iglesia del Señor qué son cismas, ni los conoce. Casa que volvió los Sumos Pontífices de Aviñón a su trono de Roma y mantiene su autoridad suprema. Casa que la levantó Dios para muralla de la cristiandad contra la potencia otomana. Casa que la fortaleció Dios para ser martillo de los herejes en Bohemia, Hungría, Alemania, Flandes y aun en Francia. Casa que la formó Dios para riquísimo minero de santos, emperadores, emperatrices, reyes, reinas y archiduques. Casa que la extendió Dios por toda la redondez de la tierra, para dilatar por toda ella su Santa Fe y Evangelio. Casa que la escogió Dios en la ley de gracia, así como la de Abrahán en la escrita, para llamarse Dios de Austria, Dios de Rodolfo, de Felipe y de Fernando. Ésta, pues, escogió el católico y sabio rey para sucesora augusta de su católico celo, para heredera de su gran potencia, para conservadora de su prudente gobierno, para dilatadora de su felicísima monarquía, que el Cielo haga universal. Amén.

LIBROS A LA CARTA

A la carta es un servicio especializado para
empresas,
librerías,
bibliotecas,
editoriales
y centros de enseñanza;
y permite confeccionar libros que, por su formato y concepción, sirven a los propósitos más específicos de estas instituciones.

Las empresas nos encargan ediciones personalizadas para marketing editorial o para regalos institucionales. Y los interesados solicitan, a título personal, ediciones antiguas, o no disponibles en el mercado; y las acompañan con notas y comentarios críticos.

Las ediciones tienen como apoyo un libro de estilo con todo tipo de referencias sobre los criterios de tratamiento tipográfico aplicados a nuestros libros que puede ser consultado en www.linkgua-digital.com.

Linkgua edita por encargo diferentes versiones de una misma obra con distintos tratamientos ortotipográficos (actualizaciones de carácter divulgativo de un clásico, o versiones estrictamente fieles a la edición original de referencia).

Este servicio de ediciones a la carta le permitirá, si usted se dedica a la enseñanza, tener una forma de hacer pública su interpretación de un texto y, sobre una versión digitalizada «base», usted podrá introducir interpretaciones del texto fuente. Es un tópico que los profesores denuncien en clase los desmanes de una edición, o vayan comentando errores de interpretación de un texto y esta es una solución útil a esa necesidad del mundo académico.

Asimismo publicamos de manera sistemática, en un mismo catálogo, tesis doctorales y actas de congresos académicos, que son distribuidas a través de nuestra Web.

El servicio de «libros a la carta» funciona de dos formas.

1. Tenemos un fondo de libros digitalizados que usted puede personalizar en tiradas de al menos cinco ejemplares. Estas personalizaciones pueden ser de todo tipo: añadir notas de clase para uso de un grupo de estudiantes, introducir logos corporativos para uso con fines de marketing empresarial, etc. etc.

2. Buscamos libros descatalogados de otras editoriales y los reeditamos en tiradas cortas a petición de un cliente.